Inhalt

Frauen, Migranten, Hartz-IV-Empfänger - der Arbeitsmarkt entdeckt ein stilles Reservoir

Kernthesen

Beitrag

Fallbeispiele

Weiterführende Literatur

Impressum

Frauen, Migranten, Hartz-IV-Empfänger - der Arbeitsmarkt entdeckt ein stilles Reservoir

R.Reuter

Kernthesen

- Der infolge des demographischen Wandels bevorstehende Fachkräftemangel wird von den Unternehmen immer mehr als Problem erkannt.
- Um zukünftige Lücken zu schließen, entdecken die Firmen bisher ungenutzte Personalreserven.
- Maßnahmen trifft auch die Politik, die ein

Interesse daran hat, beispielsweise Hartz-IV-Empfänger wieder in sozialversicherungspflichtige Jobs zu bringen.

Beitrag

Personalreserven rücken in den Fokus

Immer deutlicher erkennen die Unternehmen, dass der demographische Wandel nicht nur die Rentenkassen belastet, sondern auch für die eigene Belegschaft Herausforderungen mit sich bringt. Dies war lange Zeit anders: Die Appelle von Institutionen und Beratern, sich frühzeitig um das Personal von morgen selbst zu kümmern, verhallten ungehört. Einen deutlichen Hinweis darauf, dass ein Personal- und Fachkräftemangel tatsächlich bevorsteht, haben die Schulabgängerzahlen des vergangenen Jahres gegeben. 900 000 junge Menschen verließen die Schulen, 37 000 weniger als 2008. Schätzungen besagen, dass es 2015 nur noch 850 000 Ausbildungs- und Lernwillige sein werden. Überdies verlassen jedes Jahr mehr Mitarbeiter ihr Unternehmen in Richtung Rente. Dies alles hat jetzt dazu geführt, dass die

Personalabteilungen ihren Blick immer stärker auf die vorhandenen Personalreserven richten. (1)

Führungsetage noch immer eine Männerdomäne

Nach wie vor sind Frauen in Führungspositionen stark unterrepräsentiert. Nur ein Viertel aller Chefsessel in Deutschland ist durch Frauen besetzt. Noch schlechter soll es laut einer Studie bei den 200 größten deutschen Firmen aussehen. Hier sind es gerade einmal 2,5 Prozent der Leitungsposten. Sieben von zehn Betrieben wurden im Jahr 2008 von einem Mann geführt. Ein erstes, sichtbares Zeichen, dass sich dies in Zukunft ändern könnte, hat kürzlich die Telekom gesetzt. Als erster Dax-Konzern führt das Unternehmen eine Frauenquote für die Chefetage ein. Bis 2015 sollen weltweit 30 Prozent aller Führungspositionen der Telekom mit Frauen besetzt sein. Die Einführung einer verpflichtenden Quote ist allerdings ein Einzelfall in der deutschen Unternehmenslandschaft. 84 Prozent der börsennotierten Unternehmen lehnen eine Frauenquote ab. Allerdings könnten auch hier die Zeichen auf Umbruch stehen. Die kürzliche Berufung von Brigitte Ederer als zweite Frau in den Konzernvorstand von Siemens könnte durchaus Signalwirkung haben. (8)

Hürdenlauf nach der Familienpause

Für Frauen jenseits der 40 ist es bisher besonders schwierig, noch einmal eine Stelle zu finden. Der Grund für die Unterbrechung, nämlich Babypause und Erziehungsjahre, spielt bei den Arbeitgebern meist keine Rolle. Stattdessen entwertet die Unterbrechung alle vorher erreichten Qualifikationen und erworbenen Berufserfahrungen so sehr, dass der Wiedereinstieg in das Berufsleben besonders dornenreich verläuft. Darüber hinaus ist ein Wiedereinstieg sehr oft mit einer niedrigen Bezahlung verbunden. Frauen mit Kindern verdienen für die gleiche Arbeit meist weniger als ihre kinderlosen Geschlechtsgenossinnen. In den alten Bundesländern etwa liegt der Bruttolohn für Mütter mit zwei Kindern um fast ein Drittel niedriger als bei Frauen ohne Kinder. Auf die Motivation der Mütter, sich dem Arbeitsmarkt zur Verfügung zu stellen, hat die niedrige Entlohnung keinen guten Einfluss, so dass auch hierdurch arbeitswillige und qualifizierte Kräfte in den Betrieben fehlen. Und auch der Umkehrschluss bereitet Sorgen: Immer weniger Akademikerinnen bekommen Kinder, weil sie die schwierige Aufgabe scheuen, Beruf und Familie miteinander verbinden zu müssen. (2), (4)

Mehr Druck auf Hartz-IV-Empfänger

Auch die Politik hat ein Interesse daran, dem Arbeitsmarkt neue Kräfte zuzuführen. Dies gilt insbesondere für Hartz-IV-Empfänger, die nach dem Wunsch von Arbeitsministerin Ursula von der Leyen die Fachkräfte von morgen werden sollen. 1,2 Millionen Hartz-IV-Empfänger sind über 50 Jahre alt, 900 000 sind Jugendliche und 600 000 sind Alleinerziehende. Von der Leyen sieht in ihnen ein riesiges Potenzial, das aber gehoben werden muss. Eine erste Maßnahme wird es sein, Hartz-IV-Empfängern unter 25 Jahren zügig ein Angebot für eine Arbeitsstelle oder eine Fortbildung zu unterbreiten, damit eine Gewöhnung an die Beschäftigungslosigkeit gar nicht erst stattfindet. Wird das Angebot nicht angenommen, werden die Transferzahlungen gekürzt. (3)

Bessere Betreuungsmöglichkeiten für Kinder

Auch die von Hartz IV lebenden alleinerziehenden Mütter sollen in den Arbeitsmarkt integriert werden. Hierfür will von der Leyen die Kommunen in die

Pflicht nehmen, über die Jobcenter eine Kindesbetreuung zu organisieren. Bisher sei es so gewesen, dass das Vorhandensein von Kindern bei den Jobcentern den Reflex ausgelöst habe, gar nicht erst nach einer Arbeitsmöglichkeit zu suchen. Ein Konzept, das die Schaffung von Kindertagesstätten, Ganztagsschulen und familienfreundlichen Arbeitszeiten vorsieht, soll den Frauen den Wiedereinstieg erleichtern. Dass dies nötig ist, zeigt eine erschreckende Zahl: 40 Prozent der in Deutschland lebenden alleinerziehenden Mütter beziehen Hartz IV. (1), (4)

Leichterer Einstieg für Migranten

Der drohende Fachkräftemangel hat auch eine Personengruppe in den Fokus gerückt, die es bei der Suche nach einem Ausbildungs- oder Arbeitsplatz bisher besonders schwer hatte: Migranten haben gegenüber deutschen Bewerbern oft Nachteile, jedoch insbesondere solche mit Sprachproblemen. Politik und Wirtschaft wollen nun gemeinsam etwas dafür tun, ihnen den Zugang zum Arbeitsmarkt zu erleichtern. In 34 Städten sind Ausbilderseminare geplant, die auf die Zusammenarbeit mit Migranten vorbereiten sollen. Parallel ist eine Medienkampagne an den Start gebracht worden, die sich auch an die Eltern von Migranten richtet. Ihnen ist der Wert einer

Ausbildung in einem deutschen Betrieb oft nicht bewusst, was sich auf die Zahl der ausländischen Azubis mit auswirkt: Nur jeder vierte Migrant beginnt eine Berufsausbildung. Konzerne wie Siemens gehen bereits mit gutem Beispiel voran und bilden speziell solche Kandidaten aus, die in einem normalen Auswahlverfahren nie eine Chance gehabt hätten. 250 der insgesamt 10 000 Azubis im Siemens-Konzern zählen zu dieser Gruppe. (5)

Trends

Neue Wege für Autisten

Autisten sind schwer kranke Menschen, die jedoch besonders stark vom Aufkommen der elektronischen Kommunikation profitieren. Die Möglichkeit, ohne direkten Kontakt mit Menschen über E-Mail, Netzwerke und Blogs mit der Außenwelt zu kommunizieren, eröffnet ihnen heute Wege aus dem seelischen Kerker, die es früher nicht gab. Hierdurch haben Autisten immer öfter überdies die Chance, einer bezahlten Beschäftigung nachzugehen. So wurde von Autisten in Hamburg die Genossenschaft "Autworker" gegründet, aus der eine eigenständige Firma hervorgehen soll. Zurzeit arbeitet man an der Entwicklung eines neuartigen Senioren-Handys. Die

Autworker wollen allerdings nicht nur im Computer- und Technikbereich tätig werden, sondern auch auf sozialem und künstlerischem Feld. (6)

Fallbeispiele

Baden-Württemberg startet Initiative

Das Bundesland Baden-Württemberg will dem Fachkräftemangel in der Region entgegenwirken und hat dafür eine umfangreiche Initiative gestartet. Das Ziel ist es, den Frauenanteil in technischen und naturwissenschaftlichen Berufen zu erhöhen. Erreicht werden soll dies durch Mentorenprogramme, Fortbildung während der Familienphase und die Schaffung besserer Möglichkeiten bei der Vereinbarkeit von Familie und Beruf. Zudem ist eine Koordinierungsstelle Mädchen und Technik eingerichtet worden, die dabei helfen soll, junge Frauen für die sogenannten Mintberufe zu interessieren. Mint steht für Mathematik, Informatik, Naturwissenschaften und Technik. Nach Angaben der Landesregierung fehlen den Unternehmen im Südwesten derzeit mehr als 13 000 Ingenieure. (7)

Weiterführende Literatur

(1) Fehlen Facharbeiter oder fehlt der Mut?
aus Handelsblatt Nr. 063 vom 31.03.2010 Seite 6

(2) Besser am Ball bleiben
aus Süddeutsche Zeitung, 19.12.2009, Ausgabe Deutschland, Bayern, München, S. V2/2

(3) Pflichtangebote für Jugendliche
aus Frankfurter Allgemeine Zeitung, 19.04.2010, Nr. 90, S. 13

(4) Alleinerziehende sollen Hilfe bei Jobsuche erhalten
aus Stuttgarter Zeitung, 12.04.2010, S. 4

(5) Politik und Wirtschaft werben um Migranten
aus Handelsblatt Nr. 058 vom 24.03.2010 Seite 18

(6) Die stille Reserve
aus Focus, 19.04.2010; Ausgabe: 16; Seite: 164-166

(7) Mit Frauen gegen Fachkräftemangel
aus Stuttgarter Zeitung, 17.03.2010, S. 5

(8) Frauen machen weniger Karriere
aus Frankfurter Allgemeine Zeitung, 14.04.2010, Nr. 86, S. 13

Impressum

Frauen, Migranten, Hartz-IV-Empfänger - der Arbeitsmarkt entdeckt ein stilles Reservoir

Bibliografische Information der deutschen Nationalbibliothek

Die Deutsche Nationalbibliothek verzeichnet diese Publikation in der deutschen Nationalbibliografie; detaillierte bibliografische Daten sind im Internet über http://dnb.d-nb.de abrufbar.

ISBN: 978-3-7379-0951-8

© 2015 GBI-Genios Deutsche Wirtschaftsdatenbank GmbH, Freischützstraße 96, 81927 München, www.genios.de

Alle Rechte vorbehalten. Dieses Werk ist einschließlich aller seiner Teile – z.B. Texte, Tabellen und Grafiken - urheberrechtlich geschützt. Jede Verwertung außerhalb der Grenzen des Urheberrechtsgesetzes bedarf der vorherigen Zustimmung des Verlags. Dies gilt insbesondere auch für auszugsweise Nachdrucke, fotomechanische

Vervielfältigungen (Fotokopie/Mikroskopie), Übersetzungen, Auswertungen durch Datenbanken oder ähnliche Einrichtungen und die Einspeicherung und Verarbeitung in elektronischen Systemen.